AF220570

Leipzig
lieben lernen

Der perfekte Reiseführer für einen unvergessli-chen Aufenthalt in Leipzig inkl. Insider-Tipps und Packliste

Heike Schmehl

✈ INHALT

Das erwartet Sie in diesem Buch

Planen Sie Ihre nächste Reise nach Leipzig? Sind Sie vielleicht das erste Mal dort zu Besuch? Wie überall gibt es auch in Leipzig eine endlos erscheinende Auswahl an Sehenswürdigkeiten und vielen interessanten Museen. Und nun fragen Sie sich, was genau Sie davon ansehen sollen und welche Plätze die schönsten rund um Leipzig sind?

Kein Grund, zu verzweifeln, bevor die Reise überhaupt begonnen hat, denn mit diesem Buch halten Sie genau das richtige in Ihren Händen.

Eine Reise zu planen und dabei nicht die typischen Touristenfehler zu begehen, ist schwer. Sie kennen sich in der jeweiligen Stadt nicht gut aus und nehmen jede gut klingende Information, die Sie finden können, in Ihre „Liste" auf. Doch oft geht hierbei genau das Wichtigste und Interessanteste über die Stadt verloren und am Ende der Reise fragen Sie sich, was Sie die ganze Zeit dort überhaupt gemacht haben.

Schon seit vielen Jahrhunderten ist Leipzig eine gern besuchte Stadt, die auch aufgrund ihrer musikalischen und künstlerischen Seite von ihren Bewohnern sehr geschätzt wird. So lautet ein berühmtes Zitat der Clara Schumann aus einem Briefwechsel: „Ach wie beneide ich immer Leipzig um seine Musik!", und auch Theodor Fontane sagte über Leipzig, „Ich war ganz benommen und möchte behaupten, dass, soweit Architektur und Stadtbild in Betracht kommen, nichts wieder in meinem Leben einen so großen, ja, komisch zu sagen, einen so berauschenden Eindruck auf mich gemacht hat wie dieser in seiner Kunstbedeutung nur mäßig einzuschätzende Weg vom Post- und Universitätsplatz bis zur Hainstraße."

Mit diesem Buch lernen Sie die Stadt Leipzig von einer ganz besonderen Seite kennen.

Es bietet Ihnen spannende Tipps und genau die richtigen Adressen für Ihren Aufenthalt in Leipzig – von Hotels über die angesagtesten Bars bis hin zu Einkaufsmöglichkeiten und die typischen Leipziger Spezialitäten.

Die oftmals nervenaufreibende Parkplatzsuche umgehen oder beim Mittagessen die besten Angebote ergattern? Hier werden Sie schnell die richtigen Kniffe für diese Stadt herausbekommen, sodass Sie mit den echten Leipzigern leicht mithalten können werden.

Short-Facts über die Stadt Leipzig

Eine wunderschöne Stadt im ostdeutschen Sachsen ist die Stadt Leipzig. Leipzig ist die größte Stadt des Freistaats, gefolgt von Dresden, Chemnitz und Zwickau.

„Mein Leipzig lob ich mir! Es ist ein kleines Paris und bildet seine Leute." Diesen Satz sagte einer der Studenten in Auerbachs Keller aus Johann Wolfgang von Goethes berühmtem Drama „Faust" über die schöne Stadt.

Das Stadtbild Leipzigs ist vor allem geprägt durch

die vielen im Renaissancestil errichteten Gebäude. Auch bekannte Zeitgeister haben hier teilweise ihre Leben verbracht. So liegt beispielsweise der berühmte Komponist Johann Sebastian Bach in Leipzigs bekannter Thomaskirche begraben.

Erstmals wurde die Stadt bereits 1015 als „Urs Libzi", was so viel wie „Lindenort" bedeutet, erwähnt. Neben der jahrhundertelangen Tradition zeichnet sich Leipzig aber auch durch die vielen modernen und neuen Eindrücke aus. In der historischen Innenstadt befinden sich vor allem unfassbar gut erhaltene Gebäude und elegante Stadtviertel der Gründerzeit. Bekannt ist die Stadt Leipzig auch heute noch für ihren hervorragenden Ruf im Bereich der Musik und Kunst. Zudem hat auch das Bundesverwaltungsgericht seinen Sitz im schönen Leipzig.

Die Vielfältigkeit dieser Stadt reicht von Historik, Architektur, Kultur, über das neue moderne Leipzig, bis hin zu dem auch aus Fernsehsendungen bekannten Leipziger Zoo. Auch einige berühmte Persönlichkeiten unserer Zeit wurden in Leipzig geboren.

In Leipzig können Sie von der typisch touristischen Stadtführung mit vielen Fakten über die historischen Besonderheiten der Stadt, über lange Nächte in den verschiedensten Bars, bis hin zu Spaziergängen in einem der vielen Parks, eine Menge erleben. Eine bunte Mischung des vielfältigen Lebens der Leipziger steht Ihnen zur Verfügung.

Die gesamte Stadt nimmt eine Fläche von 297,8km² ein. Die Stadt Berlin hat vergleichsweise eine Fläche von 891,7 km², somit nimmt Leipzig flächentechnisch gerade ein Drittel Berlins ein. Die vergleichsweise geringe Größe Leipzigs hat aber den Vorteil, dass man den Großteil der Stadt auch zu Fuß erkunden kann.

Planen Sie einen Ausflug in das schöne Leipzig? Dann gibt es hier genau die richtigen Tipps und Tricks, um Leipzig von der interessantesten Seite kennenzulernen und mit ein paar Geheimtipps Ihren Aufenthalt zu etwas ganz Besonderem machen zu können.

Die Geschichte der Stadt

Bis zum Jahr 531 zählte die Leipziger Gegend zum Königreich der Thüringer. In den darauffolgenden Jahrhunderten kam es zu einer Niederlage der Thüringer gegen die Franken, woraufhin sie das Gebiet aufgeben mussten. Später wurde das Gebiet dann von böhmischen Sklaven besiedelt.

Somit existierte bereits im Jahre 900 die heutige Stadt Leipzig. Damals war diese noch ein kleines, verschlafenes Fischerdorf der Slawen am Flussufer der Pleite und Parthe. Der Name lautete zu dieser Zeit „Lipsk", abstammend vom Wort „Lipa", das „die Linde" bedeutet.

Im Jahre 1015 wurde die Stadt dann erstmals „urs Libzi", die Stadt der Linden, genannt. Erstmals tauchte die Stadt Leipzig in den Chroniken des Thietmar von Merseburg auf. Die kleine Siedlung hatte damals eine Fläche von vier Hektar. Erst im 11. Jahrhundert wurde sie dann nach Südosten erweitert. Als genaues Gründungsjahr der Stadt gilt jedoch das Jahr 1165.

Durch die überaus günstige Lage Leipzigs an den damals bedeutendsten Handels- und Heerstraßen der „Via Regia" und der „Via Imperii", entwickelte sich die Stadt schnell zu einem der wichtigsten Handelszentren zu dieser Zeit. Oster- und Michaelismärkte wurden bereits im Jahr 1190 veranstaltet. Im Jahr 1497 wurde der Stadt von Kaiser Maximilian I. das Messeprivileg verliehen. 1895 fand in Leipzig die weltweit erste Mustermesse statt. Wie der Name bereits verrät, wurde hierbei nicht mehr mit den Waren selbst gehandelt, sondern wurden stattdessen Muster vorgestellt, woraufhin dann die Bestellungen der Waren aufgenommen wurden. Zur

Zeit des Nationalsozialismus' erlangte Leipzig offiziell den Ehrentitel „Reichsmessestadt". Neben Frankfurt gilt die Stadt als Zentrum des Buchdrucks und -handels, damals wie heute. Im Jahr 1545 kamen früher die ersten Buchhändler nach Leipzig. Da in Frankfurt teilweise sehr strenge Zensur ausgeübt wurde, kamen viele der Buchhändler im 18. Jahrhundert nach Leipzig und die Stadt entwickelte sich so zum Haupthandelsplatz des deutschen Buchhandels.

Im 18. Jahrhundert bekam die Stadt ihren Spitznamen „Kleines Paris". Leipzig war zu einer fortschrittsbewussten Messestadt im Jahr 1701 herangewachsen und schmückte seine Straßen mit zahlreichen Straßenbeleuchtungen. Somit konnte es problemlos mit der Metropole mithalten.

Neben dem Handel spielten aber auch die Kirche und die Bildung zu dieser Zeit eine große Rolle in der Stadt.

Im Jahre 1213 wurde beispielsweise das Thomaskloster gegründet, von welchem die bekannte Thomaskirche noch bis heute erhalten geblieben ist. Bereits im Jahre 1409 wurde durch Papst Alexander V die Universität Leipzig gegründet.

Während diese vorerst zwar nur mit medizinischer und juristischer Fakultät ausgestattet war, bietet die Universität Leipzig heutzutage eine große Reihe von verschiedenen Studienangeboten.

Eine der wohl bekanntesten Hinrichtungen Leipzig fand im Jahre 1824 statt. Dies sollte damals auch die letzte ihrer Art gewesen sein. Ein bis heute allen bekanntes Drama beruht auf dieser Geschichte. Die Hinrichtung des Mörders „Johann Christian Woyzeck" war Grundlage eines der bekanntesten Werke von Georg Büchner.

Auch die Technik entwickelte sich stetig weiter und so wurde Leipzig seiner Zeit zum Vorreiter in diesem Gebiet. 1839 war die Stadt der Anfangspunkt einer der ersten deutschen Fernreisebahnen überhaupt.

Leipzig entwickelte sich stetig weiter. Nach dem Deutsch-Französischen Krieg und der Gründung des Deutschen Reichs im Jahr 1871 stiegen die Einwohnerzahlen enorm an. In dieser Zeit wurde auch das heute so typische Stadtbild Leipzigs geprägt. Durch Wohnhäuser im historischen Stil der Gründerzeit wurde das Bild Leipzigs zu dem, was Ihnen bei einem Besuch dieser Stadt direkt ins Auge fallen wird.

Die Einwohnerzahl wuchs bis zum Jahre 1930 immer weiter an. Damals zählten schon 718.000 Bürger zur Stadt Leipzig.

In der DDR war Leipzig die zweitgrößte Stadt. Nach Ost-Berlin, der größten Stadt der DDR, hatte Leipzig zu dieser Zeit eine beträchtliche Einwohneranzahl. Damals erhielt Leipzig durch den Anschluss an die ersten Montagsdemonstrationen als Ausgangspunkt der Friedlichen Revolution den Ruf als „Heldenstadt". Friedliche Proteste von bis zu 320.000 Menschen fanden damals statt. Kaum zu glauben: Ein wichtiges Thema war auch damals schon die enorme Verschmutzung der Umwelt durch die Industrie.

Durch den Zusammenbruch der Industrie in den 1990er Jahren verloren über 100.000 Menschen ihre Arbeitsplätze. Auch aus diesem Grund sank bis 1998 die Zahl der Einwohner Leipzigs bis auf 437.000.

Jedoch entwickelte sich Leipzig in dieser Zeit vor allem auf künstlerischer Ebene weiter. Die sogenannte „Neue Leipziger Schule" wurde in diesem Zusammenhang sehr bekannt. Diese Bezeichnung wird für die Maler, die an der Hochschule für Grafik und

Buchkunst lehren, verwendet. Ihnen gelang es ab den 1960er Jahren, das enge Korsett des in der DDR propagierten sozialistischen Realismus' Schritt für Schritt zu erweitern. Die Kunst zeichnet sich meist durch eine Kombination aus figürlichen und abstrakten Elementen aus. Der bekannteste Vertreter ist der berühmte Neo Rauch.

Neuer Schwung kam in den 2000er-Jahren in Leipzig auf. Namenhafte Industriebetriebe, wie beispielsweise Porsche und BMW, eröffneten dort ihre Werke. Auch die Universität eröffnete einen neuen Campus. 2003 wurde der „Bio Campus" Leipzigs errichtet. Hier schlossen sich die naturwissenschaftlichen und medizinischen Institute zu einem Campus zusammen. Die Leipziger Universität wurde 1409 gegründet und ist somit die zweitälteste Universität Deutschlands. Mit der Reformation begann der Aufstieg der medizinischen Fakultät. Die Leipziger Universität war zu Beginn des Dreißigjährigen Krieges im Jahr 1618 mit 900 Studenten die meistbesuchte Universität in Deutschland. Heute gibt es an 14 Fakultäten ca. 29.000 Studenten.

Bis heute steigt die Einwohnerzahl Leipzigs immer weiter an. Immer mehr junge Menschen

kommen wieder nach Leipzig und genießen die Vor-
züge dieser vielfältigen Stadt. Der liebevolle Spitz-
name „Hypezig" spiegelt diese Entwicklung wider.
Im Jahr 2019 lag die Einwohnerzahl bei rund
600.000 Bürgern.

HEIKE SCHMEHL

Das Leben in der Stadt - Typisch Leipzig

EIN KURZER EINBLICK IN DIE KULTUR UND DAS LEBEN DER MENSCHEN

Die sächsische Mundart

Die Mundart der Sachsen ist besonders vielfältig. Das ist auf die geografische Lage des Freistaats zurückzuführen. Sachsen ist seit einigen Jahrhunderten auch aufgrund seiner Bedeutung im Handel ein Land gewesen, durch das viele Menschen „durchgezogen" sind.

Die Mundart der Sachsen wird korrekt als obersächsische Mundart bezeichnet.

Sächsisch wird auch sehr durch die slawischen Sprachen geprägt. Je weiter man nach Osten geht, desto ausgeprägter wird dies. Sachsen ist besonders geprägt durch die verschiedenen regionalen als auch lokalen Zweige seines Dialektes, wobei die Abgrenzung der verschiedenen Mundarten teilweise nur minimal erkennbar ist. Ähnliches ist in Deutschland sonst nur noch in Bayern zu finden.

„Sei nä so käbsch!". Das ist ein Satz, den wohl jedes kleine Kind in Leipzig schon einmal zu hören bekommen hat.

„Bitte, was?", denken Sie sich mit Sicherheit und da sind Sie bei Weitem nicht die einzigen. Der typische Leipziger Dialekt ist das schöne Sächsisch. Nur leider fällt es „Nicht-Leipzigern" eher schwer, die Mundart der Einwohner auf Anhieb zu verstehen.

Diesen kleinen Satz hat man als Kind oft gehört, wenn man mal wieder die typisch sächsische Kartoffelsuppe der Oma nicht essen wollte oder allgemein wählerisch in seinen Essgewohnheiten war.

Die Leipziger Küche

Das bekannteste Gericht in Leipzig ist das „Leipziger Allerlei": Ein traditionelles Gemüsegericht, das oft als Beilage serviert wird. Es besteht aus den verschiedensten Gemüsesorten, wie Erbsen, Karotten, Sellerie, Bohnen und Morcheln. Aber auch Krebsschwänze und Semmelklößchen können darin zu finden sein.

Ist man der kulinarischen Geschichte der Stadt auf der Spur, dann darf vor allem der Besuch in einem der ältesten Restaurants Leipzigs nicht fehlen. Das historische Restaurant „Barthels Hof" wurde 1497 gegründet. Hier gibt es typisch sächsisches Essen. Das „Barthels Hof" ist vor allem für seinen fabelhaften Mutzbraten bekannt.

Was ist ein Mutzbraten?

Ein großes Stück Schweinefleisch, mariniert und mit Majoran, Pfeffer und Salz abgeschmeckt, kommt auf den Grill und wird typischerweise mit Birkenholzrauch gegart. Traditionell serviert wird es dann mit Sauerkraut und frischem Schwarzbrot. Da läuft auch den Nicht-Leipzigern schon das Wasser im Mund zusammen, oder?

Das süße Herz Leipzigs

Ein Gericht, das seinem Ursprung nicht ferner sein könnte, ist die „Leipziger Lärche". Bis zum Jahr 1876 waren Singvögel eine kulinarische Spezialität der Stadt. Diese wurden dann mit Kräutern und Eiern gebacken und in einem Speckmantel serviert.

Ein Leipziger Konditor erfand dieses Gericht nach dem Verbot der Singvogeljagd neu und interpretierte es als eine Süßspeise. Er ahmte die Form der Singvögel in einem Törtchen aus Mürbeteig nach und füllte dieses mit einer leckeren Marzipan-Füllung.

Ein nicht nur in Leipzig, sondern auch in ganz Sachsen beliebter Kuchen, ist die Eierschecke. Dabei handelt es sich um einen Blechkuchen aus einem dünnen Hefeteigboden, bedeckt mit einer dünnen Schicht aus Quarkpudding. Den krönenden Abschluss bildet eine locker geschlagene Eigelbcreme oben auf dem Kuchen.

Trinkgewohnheiten der Leipziger

Zu jedem guten, deftigen Essen gehört auch ein gutes, kühles Bier. Im Trinklokal „Zill's Tunnel" wird seit dem Jahr 1785 Bier ausgeschenkt. Aber das ist nicht das einzige Trinklokal der Stadt. Leipzig besitzt eine große Auswahl an verschiedensten Restaurants und Bars.

Die beliebteste Kneipenmeile der Stadt erstreckt sich vom Barfußgässchen, in der sich übrigens die gleichnamige Szenenkneipe das „Barfusz" befindet, über die Klostergasse bis hin zur großen Fleischergasse. Diese Kneipenmeile wird auch als „Drallewatsch" bezeichnet, eines der wohl urigsten Worte aus dem Leipziger Dialekt. Wollen die Leipziger etwas erleben, gehen sie auf den Drallewatsch. Als ursächsischer Begriff heißt das so viel wie „etwas erleben" oder „auf den Schwof gehen". Mehr als 30 verschiedene Kneipen befinden sich dort und laden mit ihren gemütlichen Außenbereichen vor allem im Sommer dazu ein, ein geselliges Glas Wein oder einen lustigen Cocktailabend dort zu verbringen.

Die Kaffeekultur der Stadt

Wer hätte das gedacht? Zur kulinarischen Kultur der Leipziger gehört, neben den deftigen Speisen und dem fabelhaften Bier, auch die Geschichte des Kaffees.

Das seit 1694 existierende Kaffeehaus der „Coffe Baum" zählt zu den ältesten ununterbrochen betriebenen Kaffeehäusern Europas. Hier finden Sie auf mehreren Etagen Gasträume mit ganz unterschiedlichen Einrichtungen. Selbst große Persönlichkeiten wie Goethe oder später auch Robert Schumann sollen hier schon Gast gewesen sein. Besuchen Sie auf jeden Fall das Café „Coffe Baum", es wird sich lohnen!

Auch dem Kaffeehaus „Riquet" mit seinen imposanten Elefantenköpfen über dem Eingang sollten Sie einen Besuch abstatten.

Möchte man an einem herrlichen Frühlingstag seinen Kaffee draußen trinken und den Blick auf die schöne Thomaskirche genießen, ist man im „Café Kandler" genau richtig. Das kleine Café lädt mit seinem Charme zum Verweilen ein und bietet nebenbei auch noch die leckersten Bachtaler und die leckerste Bachtorte an. Dieses Café sollte in jedem Fall auf Ihrer Liste weit oben stehen!

Ist der geliebte Kaffee mal wieder zu dünn, schimpfen ihn die Leipziger gerne „Bliemchengaffee". Ursprung hat dieser ulkige Ausdruck darin, dass bei zu dünnem Aufguss am Grund der Porzellantasse die Blümchen durchschimmern.

Restaurants, die man besucht haben muss
Ein besonderes Erlebnis bietet der „Panorama Tower" in Leipzig. In der 29. Etage eines City-Hochhauses befindet sich ein Restaurant mit einer sagenhaften Aussicht. Dieses Restaurant hat neben seiner modernen Küche, geprägt durch die Rezepte des weltbekannten Starkochs Jamie Oliver, eine

atemberaubende Aussicht zu bieten. Als absoluter Geheimtipp gilt der hier stattfindende „Business Lunch", bei dem ein Drei-Gänge-Menü serviert wird, das gerade einmal 9,90 Euro kostet.

Aber auch Gourmet-Restaurants sind in Leipzigs Innenstadt zu finden. Nobel essen gehen kann man vor allem im „Stadtpfeiffer", im bekannten Leipziger Gewandhaus. Wer auf der Suche nach exzellenter Küche ist und qualitativ hochwertige Speisen und Getränke bevorzugt, sollte sich einen Besuch im „Falco" nicht entgehen lassen. Das Restaurant befindet sich im 27. Stock des „The Westin" Hotels und wurde bereits mit zwei Michelin Sternen ausgezeichnet.

WEITERE RESTAURANT-TIPPS:

Günstig:
(1) <u>BAGEL BROTHERS</u>
Schauen Sie bei den „Bagel Brothers" vorbei. Die Auswahl an verschiedenen Bagels, die Sie nach Belieben belegen können, ist in keinem anderen Café so groß wie hier!
Adresse: Nikolaistraße 42
Preis: Bagel ab 3,40 €

Geöffnet: Montag bis Freitag 6.30 Uhr bis 21.30 Uhr
Samstag 7.30 Uhr bis 21.30 Uhr
Sonntag 8.30 Uhr bis 21.30 Uhr

(2) CHANG

Wer eher Lust auf Curry oder Ähnliches hat, sollte auf jeden Fall bei „Chang" halten. Dies ist ein kleines, aber authentisches, thailändisches Restaurant.

Adresse: Gottschedstraße 18

Preis: Hauptgerichte ab 6,50€

Geöffnet: Dienstag bis Freitag 12.00 Uhr bis 15.00 Uhr und 17.30 Uhr bis 23.00 Uhr
Am Wochenende von 17.00 Uhr bis 23.00 Uhr

(3) SOL Y MAR

Empfehlenswert ist auch das „Sol y Mar", das eine perfekte Mischung bietet, um das Abendessen in einem Restaurant in loungeartiger Atmosphäre genießen zu können. Auch die Restaurantbar lädt zum Verweilen ein. Im orientalischen Stil ist hier vor allem der Sonntagsbrunch zu empfehlen.

Adresse: Gottschedstraße 4

Preis: Business Lunch: Ein 3-Gänge Menü ab 8,30€ und Nudelgerichte ab 5,90€

Geöffnet: Täglich ab 9.00 Uhr

Mittel:

(1) <u>BARCELONA</u>

Haben Sie am Abend etwas mehr Zeit mitgebracht, ist die Tapasbar „Barcelona" ein empfehlenswerter Treffpunkt. Bei leckeren Tapas und gutem Wein lässt sich der Abend hier gut verbringen.

Adresse: Gottschedstraße 12

Geöffnet: Montag bis Samstag ab 17.00 Uhr

<u>(2) BAYERISCHER HOF</u>

Gutbürgerliche sächsische und bayerische Küche finden Sie hingegen in der „Gasthaus und Gosebrauerei Bayerischer Bahnhof". Lassen Sie sich selbstgebraute Gose und weitere Biersorten in einer ganz besonderen Umgebung schmecken. Das Restaurant wurde in der einstigen Schalterhalle des Bayerischen Bahnhofs errichtet. Ein ganz besonderes Erlebnis!

Adresse: Bayrischer Platz 1

Preis: Hauptgerichte ab 11,50€

Geöffnet: Täglich von 11.00 Uhr bis 24.00 Uhr

(3) CAFÉ LUISE

Ein absoluter Geheimtipp für den Sonntagsbrunch ist das „Café Luise". Es ist eines der beliebtesten Cafés unter den Leipzigern und das Brunch-Buffet gilt als das beste der Stadt.

Adresse: Bosestraße 4

Preis: Sonntagsbrunch 14€, Mittagsgerichte der Wochenkarte 7€ - 9€

Geöffnet: Täglich ab 9.00 Uhr

Gehoben:

(1) AUERBACHS KELLER

Möchten Sie es sich so richtig gut gehen lassen und zudem ein Stückchen Geschichte hautnah miterleben, dann sind Sie in Auerbachs Keller genau richtig. Es ist ein weltweit bekanntes Kellerlokal, das Goethe sogar in seinem Klassiker „Faust I" erwähnte. Eigentlich besteht das Restaurant aus zwei separaten Restaurants: „Der große Keller", in dem hauptsächlich traditionelle sächsische Küche serviert wird und die daran angrenzende „Historische Weinstube", auf deren Karte vor allem die internationale Haute Cuisine zu finden ist.

Adresse: Grimmaische Straße 2–4

Preis: Hauptgerichte ab 18,40€

Geöffnet: Täglich ab 12.00 Uhr, (Die Historische Weinstube Montag bis Samstag ab 18.00 Uhr)

(2) PANORAMA TOWER

Bei einem Ausflug nach Leipzig sollten Sie sich keinesfalls einen Besuch im Panorama Tower entgehen lassen. Das Restaurant befindet sich im obersten Stockwerk des höchsten Gebäudes Leipzigs. Genießen Sie eine atemberaubende Aussicht über die Stadt.

Geheimtipp: Business Lunch, werktags von 11.30 Uhr bis 14.30 Uhr. Hier gibt es 3 Gänge, bei welchen beim Hauptgericht immer die Wahl zwischen Fleisch, Fisch oder einem vegetarischen Äquivalent besteht, für nur 11,50€.

Adresse: Augustusplatz 9 (Das Restaurant selbst befindet sich in der 31. Etage)

Preis: Hauptgerichte ab 18,30€

Geöffnet: Montag bis Donnerstag 11.30 bis 23.00 Uhr

Freitag bis Samstag 11.30 Uhr bis 24.00 Uhr

Sonntag: 9.00 Uhr bis 23.00 Uhr

(3) SAKURA KAITEN SUSHIBAR

Für ein besonderes (Geschmacks-) Erlebnis sorgt die ausgezeichnete Sushibar „Sakura Kaiten Sushibar". Hier fahren die jeweiligen Gerichte auf einem elektronischen Förderband im Kreis, direkt an Ihrem Platz vorbei. Farbige Punkte an den Gerichten geben den Preis zu erkennen. Eine ganz neue Art von Restaurantbesuch.

Geheimtipp: Sonntags ist „Happy Day" - Alle Sushi-Teller gibt es dann für 3,80€

Adresse: Bosestraße 4

Preis: Mittagstisch: 3 verschiedene Sushis sowie eine „Misosuppe" und ein grüner Tee für 11,40€
Pro Sushi 3,80€ bis 5,40€, Spezialsushi ab 7,60€

Geöffnet: Montag bis Freitag 11.30 Uhr bis 14.30 Uhr, sowie 18.00 Uhr bis 24.00 Uhr
Am Wochenende und an Feiertagen von 18.00 Uhr bis 24.00 Uhr

WEITERE BAR-EMPFEHLUNGEN:

Sie möchten Ihren Abend gern in einer der vielen Bars in Leipzig ausklingen lassen? Hier sind die drei besten Bars und Kneipen der Stadt:

(1) Das B10, eine beeindruckende Gin- und Weinbar. Gin + Tonic gibt es hier ab 9,50€. Lassen Sie sich von den vielen verschiedenen Kreationen inspirieren und probieren Sie sich durch eine Karte voller neuer Geschmäcker.

(2) Im Imperii finden Sie Cocktailkreationen einer ganz neuen Art. Eine schicke Bar mit einer außergewöhnlichen Karte. Eine wahre Geschmacksexplosion ab 8,50€.

(3) Empfehlenswert ist auch die Vodkaria. Der Name ist hier volles Programm. Auf der Karte gibt es mehr als 100 verschiedene Wodkas. Probieren Sie unbedingt auch die Spezialität des Hauses, Borschtsch.

LEIPZIG ALS FILMKULISSE

Wussten Sie, dass Leipzig auch als Filmkulisse in einigen Filmen und Fernsehserien zu sehen ist?
Beispielsweise strahlt das ZDF die Krimiserie „SOKO Leipzig" aus und die ARD sendet im Ersten die bekannte Serie „Tierärztin Dr. Mertens". Auch „In aller Freundschaft" ist in Leipzig gedreht worden. Selbst der berühmte Leipziger Zoo hat seine eigene Dokumentation im TV, in der Serie „Elefant, Tiger & Co" wird im MDR Fernsehen der Alltag des Zoos begleitet.

Ein echter Klassiker, den Sie mit Sicherheit zu Schulzeiten gelesen haben, wurde auch in Leipzig verfilmt. Nach dem Buch von Erich Kästner, wurde der „Das fliegende Klassenzimmer" größtenteils in Leipzig gedreht. Auch aktuelle Kinofilme der heutigen Zeit fanden ihre ideale Kulisse in Leipzig. So wurden beispielsweise „Unknown Identity" und „The First Avenger: Civil War" unter Anderem in Leipzig gedreht.

SPORT IN LEIPZIG

Handball

Eine lange Tradition pflegt Leipzig auch im Bereich Sport. Vor allem Fußball und Handball sind in dieser Stadt sehr erfolgreiche Sportarten. Einer der in Deutschland erfolgreichsten Handballclubs der Frauen befindet sich in Leipzig. Schon vier Mal war der HC Leipzig Europapokal-Sieger, ganze sechs Mal auch Deutscher Meister. Aber auch die Herrenmannschaft ist seit Jahrzehnten von Erfolg gekrönt: Der damalige Militärsportverein MTSA Leipzig. Den Deutschen Meisterschaftstitel hat die Mannschaft in den Jahren 1937, 1938 und 1939 gewonnen. Ebenso war die Mannschaft in den 1960er und 1970er Jahren sehr erfolgreich, so gewann sie zu dieser Zeit den Europapokal der Landesmeisterschaft, den Vorläufer der heutigen Champions League. Heute zählt die Leipziger Handballmannschaft zu einer der erfolgreichsten in Deutschland. Seit 2015 / 2016 spielt die Männerhandballmannschaft auch in der 1. Handball-Bundesliga.

Fußball

Aber auch der Fußball war und ist in Leipzig ein großer Erfolg mit langer Tradition. Im Jahre 1900 war Leipzig der Gründungsort des Deutschen Fußball-Bundes (DFB), und der VfB Leipzig stellte eines der vier Gründungsmitglieder dar. Der Verein gewann bei der ersten Deutschen Meisterschaft sogar den Meistertitel. Nach dem zweiten Weltkrieg wurde der Verein jedoch aufgelöst. Als „inoffizieller" Nachfolger des damaligen VfBs gilt der 1966 gegründete Fußballclub 1. FC Lokomotive Leipzig. Im Jahr 1987 stand der Verein im Finale um den Europapokal. Nach der Wende, im Jahr 1991, wurde der ehemalige Name des Vereins wieder verwendet. Die Mannschaft hieß nun wieder VfB Leipzig. Leider war die nachfolgende Zeit nicht mehr ansatzweise so ruhmreich wie die vorangegangenen Jahre. 1993 / 1994 belegte der VfB den vorletzten Platz der Bundesliga-Tabelle. Wussten Sie, dass der Verein im Jahr 2004 dann schließlich sogar Konkurs anmelden musste?

Doch das ließen die Leipziger nicht auf sich sitzen. Sie gründeten den Nachfolgerverein 1. FC Lokomotive Leipzig. In der Spielzeit 2016 / 2017 spielte der Verein auf der Ebene der Regionalliga Nordost.

Die Spielstätte des 1. FC Lokomotive Leipzig war das bereits im Jahr 1922 eingeweihte Bruno-Plache-Stadion. Es war zu dieser Zeit mit 40.000 Sitzplätzen das größte Stadion in ganz Deutschland.

Die heute erfolgreichste und bekannteste Leipziger Fußballmannschaft ist der RB Leipzig. Die erste Herrenmannschaft des RasenBallsport Leipzig e.V. spielt seit 2016 in der ersten deutschen Bundesliga. Ihre Heimspiele finden in der bekannten Red Bull Arena am Leipziger Sportforum statt. Gegründet wurde der Verein 2009 durch die Übernahme des SSV Markranstädt von der Red Bull GmbH. Die erste Männermannschaft und die Trainer wurden zu diesem Zeitpunkt komplett von dem neuen Verein übernommen. Geschickt gewählt wurde auch der Name des Vereins. Laut der Satzung des Deutschen Fußball Bundes (DFB) wäre eine Namensgebung zu Werbezwecken unzulässig gewesen. Deshalb wurde der Name RasenBallsport gewählt – Ein kluger Schachzug des Vereins, da das Kürzel „RB" leicht mit der Marke „Red Bull" zu verbinden ist.

Im Jahr 2019 erreichte der Club das Finale des DFB-Pokals. In der Saison 2019 / 2020 nimmt RB Leipzig erstmals an der UEFA Champions League teil.

Rugby

Eine Sportart, welche Sie wahrscheinlich nicht sofort mit Leipzig in Verbindung gebracht hätten, ist Rugby. Doch auch dieser Sport hat eine lange Geschichte in Leipzig. Eine der ersten Rugby-Abteilungen entstand bereits in den 1950er Jahren. Vier Teams bildeten sich in diesen Jahren dort, DHfK war dabei das erfolgreichste von ihnen. Zwischen 1954 und 1963 gewann DHfK sogar fünf Meisterschaften. Im September 2004 gründete der Zusammenschluss der anderen Vereine den RC Leipzig.

Rugby zählt heute, neben wenigen anderen Sportarten, zu einer Bundesligasportart in Leipzig.

Attraktionen und Sehenswürdigkeiten

DER HAUPTBAHNHOF

Ein guter Startpunkt für eine Tour durch Leipzig ist der Hauptbahnhof. Hier können Sie in unmittelbarer Nähe auch einige Parkhäuser finden.

Der Leipziger Hauptbahnhof ist der größte Kopfbahnhof Europas und wurde 1915 fertiggestellt. Er diente einst dazu, den Besuchern Leipzigs ein Bild des Ansehens und des Reichtums der Stadt zu vermitteln. Der Eisenbahnverkehr entwickelte sich in Leipzig bereits im Jahr 1859. Zuvor, im Jahre 1837, wurde die Leipzig-Dresdner Eisenbahn eröffnet. Später kam dann die Magdeburg-Leipziger

Eisenbahnstrecke hinzu.

Heute ist rund um den Bahnhof ein Einkaufscenter über mehrere Etagen entstanden, das mit über 30.000 Quadratmetern Einkaufsfläche zum Shoppen einlädt. Täglich treten hier rund 120.000 Personen ihre Reisen an. Damit ist der Leipziger Bahnhof auf Platz 13 der meistfrequentierten Bahnhöfe der Deutschen Bahn. 2011 wurde der Hauptbahnhof durch die Allianz pro Schiene e.V. mit dem Titel „Bahnhof des Jahres" in der Kategorie Großstadtbahnhof ausgezeichnet.

DIE HISTORISCHE INNENSTADT

Im Herzen der Stadt liegt der historisch interessanteste Teil Leipzigs. Im Bezirk „Mitte" gibt es die meisten Attraktionen zu sehen und hier befinden sich auch einige Einkaufsmöglichkeiten.

Die historische Altstadt wird vom Innenstadtring eingerahmt und beherbergt zahlreiche Speiselokale und Bars. Einem munteren Abend in der Altstadt steht also auch in Leipzig nichts im Wege.

DAS ALTE RATHAUS

Befindet man sich auf dem Leipziger Marktplatz, wird einem zuerst das Alte Rathaus ins Auge fallen. Es wurde im Jahr 1556 erbaut und ist stolze 90m lang. Es ist vor allem auffallend durch seinen langen Bogengang, der mit sechs Giebeln versehen ist. Schon von Beginn an waren die sich dort befindenden Arkadengänge für Geschäfte vorgesehen. Zudem befindet sich auf einem der Giebel ein großer Turm. Heute befindet sich dort das Stadtgeschichtliche Museum. Sehenswert sind hier vor allem der große Festsaal mit Renaissanceeinrichtung, die Rüstkammer, und die Schatzkammer, welche durch ein sehr steiles und schmales Treppenhaus zu erreichen ist.

DIE BEKANNTESTEN KIRCHEN LEIPZIGS

Mit zu den bekanntesten Sehenswürdigkeiten Leipzigs zählen die beiden großen Kirchen in der Innenstadt.

Die Nikolaikirche

Die älteste Stadtpfarrkirche stammt aus der romanischen Zeit. Die Nikolaikirche wurde bereits im Jahre 1165 erbaut. Erst Ende des 18. Jahrhunderts erhielt sie durch ihren Umbau die für die Kirche so typischen palmenförmigen Säulen und Deckengewölbe, die ein Erkennungsmerkmal für den klassizistischen Stil darstellen. In dieser Kirche predigte unter anderem auch Martin Luther. Außerdem galt die Nikolaikirche als ein wichtiges Gebäude der Friedlichen Revolution im Jahr 1989.

Für Besucher geöffnet ist die Kirche montags bis samstags von 10.00 bis 18.00 Uhr und sonntags von 10.00 bis 16.00 Uhr.

Die Thomaskirche

Die zweite Hauptkirche ist die Thomaskirche. Erbaut wurde diese im Jahr 1212. Das Erkennungsmerkmal der Kirche ist der Turm im Renaissancestil. Auch hier predigte Martin Luther. Jedoch ist die Thomaskirche vor allem als Wirkungsstätte von einem der bekanntesten Knabenchöre Deutschlands bekannt: Dem Thomanerchor und dessen wohl bedeutendstem Kantor Johann Sebastian Bach. Von 1723 bis 1750 leitete er die Kirchenmusik in Leipzig und komponierte hier auch einen Großteil seiner Werke.

Wussten Sie, dass Bach nach seinem Tod in der Thomaskirche begraben wurde?

- Johann Sebastian Bach wurde am 31. März 1685 in Eisenach geboren
- Er war deutscher Komponist
- Er gilt heute als einer der bekanntesten und bedeutendsten Musiker
- Zu Lebzeiten wurde Bach als Virtuose geschätzt, allerdings waren seine Werke nur in kleinen Kreisen bekannt
- Nach seinem Tod wurden seine Werke jahrzehntelang vergessen
- Erst in der Mitte des 19. Jahrhunderts wurden seine Werke wieder weltweit aufgeführt
- Auf dem Kirchhof wurde außerdem ein Denkmal für ihn errichtet.

Geheimtipp: Besuchen Sie die traditionelle Motette in der Thomaskirche - Jeden Samstag um 15.00 Uhr.

Für Besucher geöffnet ist die Kirche täglich von 9.00 bis 18.00 Uhr.

DAS NEUE RATHAUS UND DIE LEIPZIGER PASSAGEN

Ein wirklicher Blickfang ist auch das Neue Rathaus. Es wurde Ende des 19. Jahrhunderts an dem Platz erbaut, an welchem sich einst die Pleißenburg befand. Das Gebäude selbst erinnert in seinem Stil ebenfalls eher an eine überaus mächtige Burg. Vor allem die Brücke, die sich zwischen den beiden Gebäuden befindet, zählt zu einer der außergewöhnlichsten Sehenswürdigkeiten in Leipzig.

Charakteristisch für Leipzig sind vor allem die vielen Passagen. Viele Jahrhunderte lang waren die Durchhöfe mit ihren Gewölben die Ausstellungstätte der Kaufleute.

Geheimtipp: Die Mädler-Passage. Mit ihrer prachtvollen Deckengestaltung ist sie eine der schönsten Passagen Leipzigs. Dort ist auch Auerbachs Keller zu finden. Hierhin ließ sich der berühmte Faust aus Goethes Drama „Faust I" von seinem Begleiter Mephisto führen.

Eines der am besten restaurierten Gebäude ist der Specks Hof. 1955 wurde der Passage sogar ein Preis für die schöne Gestaltung verliehen. Die drei Innenhöfe wurden mit unterschiedlichster Kunst und Schmuck mühevoll versehen. Sehen Sie sich auch unbedingt die Treppenhäuser der Passage an, die mit atemberaubender Glasmalerei verziert wurden.

Stehen Sie an der Rückseite des Alten Rathauses, werden Sie einen kleinen Platz mit einer Statue sehen können. Dieser Platz hat schon im Mittelalter seinem Namen alle Ehre gemacht. Auf dem „Naschmarkt" wurde schon zu damaligen Zeiten gerne genascht. Heute lädt der Platz dazu ein, Kaffee zu trinken und bei einem guten Stück Kuchen die Sonne zu genießen.

Wussten Sie, wen die Statue darstellt?
Die Statue stellt Johann Wolfgang von Goethe dar. Zuerst studierte dieser in Leipzig Jura, später aber fand er seine Erfüllung in der Poetik.

DIE UNIVERSITÄT LEIPZIG

Eines der modernsten Gebäude und einer der größten Blickfänger Leipzigs ist die heutige Universität. Bis 1968 stand auf dem Augustusplatz das Hauptgebäude der Universität. Dieses stellte das klassische

Augusteum mit der daran angeschlossenen spätgotischen Universitätskirche dar. Jedoch wurde dieses Gebäude dann binnen einer Woche gesprengt und am gleichen Platz ein neues Gebäude errichtet. Heute ist das Neue Augusteum ein Gebäude der Universität. Gebaut wurde die Universität 2012 von einem holländischen Architekten, der geschickt die überlieferten Elemente verfremdete und neuinterpretiert darstellte. Von außen erinnert das Gebäude eher an eine Kirche, doch wird die Moderne durch die vielen Glaselemente ebenfalls deutlich widergespiegelt.

DIE LEIPZIGER OPER

Von der Wissenschaft weiter zur Kunst!

Die Leipziger Oper, wie Sie sie heute sehen können, wurde erst in den Jahren 1954 bis 1970 erbaut. Doch bereits im Jahr 1868 stand ein Theater an genau gleicher Stelle. Seit dem Jahr 1912 gibt es hier eine Opernbühne. Das Neue Theater wurde aber durch die Luftangriffe in der Nacht vom 3. auf den 4. Dezember 1943 vollkommen zerstört. Die heutige Oper wurde Anfang Oktober 1960 eingeweiht. Der neue

Bau kostete die Stadt beachtliche 44,6 Millionen Mark.

Wussten Sie, dass die Leipziger Oper als drittälteste Oper Europas (nach Mailand und Hamburg) gilt? Es befinden sich 1682 Plätze in der Oper, die auch eines der größten Häuser Europas darstellt.

DAS VÖLKERSCHLACHTDENKMAL

Ein historisch sehr interessantes Ziel auf dem Rundgang durch Leipzig ist auch das Völkerschlachtdenkmal.

100 Jahre nachdem etwa 110.000 Menschen ihr Leben bei der Schlacht vom 16. bis zum 19. Oktober 1813 unter der Führung Napoleons lassen mussten, wurde das Denkmal errichtet.

Ganze 15 Jahre dauerte die Errichtung des 91 Meter hohen Völkerschlachtdenkmals in Leipzig. Hier schauen 16 imposante Ritter auf die Besucher hinab. Ebenso sind vier gigantische Steinfiguren zu sehen, welche die damaligen deutschen Volkstugenden Tapferkeit, Volkskraft, Opferfreudigkeit und Glaubensstärke darstellen sollen. In der großen

Kuppel werden die „heimkehrenden Krieger" durch 324 lebensgroße Reiterfiguren dargestellt. Über schneckenförmige Treppenhäuser gelangen Sie auf eine Aussichtsplattform. Bei der richtigen Wetterlage haben Sie hier einen atemberaubenden Ausblick über ganz Leipzig.

Heute soll das Denkmal als Mahnmal für Frieden, Freiheit, Völkerverständigung und europäische Einigung stehen.

Viele Leipziger stehen im Zwiespalt mit diesem Denkmal. So reichen die Meinungen von „prunkvoll, pompös" zu „vielleicht etwas übertrieben" oder gar „grausam hässlich". Aber sehenswert ist es auf jeden Fall!

Geheimtipp: Ein kleines Museum, das Forum 1813, welches sich im Süd-Flügel befindet, informiert Sie ausführlich über die Schlacht. Hier finden sich auch viele Original-Exponate.

Ausflugsziele

Neben den vielen historischen Sehenswürdigkeiten hält Leipzig aber auch in der
heutigen Zeit eine große Anzahl an neuen
Ausflugszielen bereit.

DAS BUNDESVERWALTUNGSGERICHT

Ist man in Leipzig zu Gast, so sollte man sich auch
unbedingt einmal das ursprüngliche Reichsgerichts-
gebäude ansehen. Heute ist dort das Bundesverwaltungsgericht zu finden. Der Bau an sich stammt aber
noch aus der Kaiserzeit. Damals war dies der

zweitgrößte staatliche Bau. Nur das Reichsgebäude in Berlin konnte es an Größe übertreffen.

In den Jahren 1888 bis 1895 wurde dieser Gebäudekomplex für das oberste Gericht des Deutschen Reichs erbaut.

Sein pompöses Aussehen allein ist schon ein Besuch wert. Hier wurden vor allem Eindrücke der italienischen Renaissance und des französischen Barocks geschickt kombiniert.

Auf der Kuppel des Gerichts befindet sich eine Statue, die „die Wahrheit" verkörpern soll.

TIPP: Es gibt einen Museumsraum für Besucher, der über die Geschichte informiert.

Geöffnet: Montag bis Freitag 8.00 bis 16.00 Uhr, empfehlenswerte Führungen jeweils mittwochs und samstags.

DIE STADTBIBLIOTHEK

Ein weiteres Gebäude mit historischem Charme ist die Stadtbibliothek. Erbaut in den Jahren 1894 bis 1897 beherbergte das Gebäude einst Museen für Völkerkunde und das Kunstgewerbe. Seit mehr als 20 Jahren ist hier nun die Leipziger Stadtbibliothek zu Hause.

DAS GRASSIMUSEUM

Ein Museumskomplex aus den 1920er Jahren ist das Grassimuseum. Aufgrund ihrer fast 11 Meter hohen, vergoldeten Dachkrönung, wird es oft auch liebevoll „die goldene Ananas" genannt. Interessiert man sich für Kunst oder Musikinstrumente sollte dieses Museum auf jeden Fall auf der To-Do-Liste stehen. Besonders sehenswert ist hier die Art déco-Pfeilerhalle mit ihrer imposanten Glasdecke. Direkt an das Museum schließt der „Alte Johannisfriedhof" an.

DAS BACHVIERTEL

Ein besonders sehenswertes Viertel der Stadt Leipzig ist das Bachviertel. Es grenzt westlich an die Innenstadt von Leipzig an. Dieses Stadtviertel ist von einer großzügigen Parkanlage sowie dem Elsterflutbett und dem Elstermühlgraben umgeben. Es entstand im 19. Jahrhundert als Teil einer Stadterweiterung. Wunderschöne Stadthäuser aus den Gründerzeiten reihen sich hier imposant aneinander. Eine der schönsten Villen ist das „Palais Roßbach". Erbaut wurde es im Jahr 1892. Außerdem befindet sich in diesem Stadtviertel der älteste Kleingartenverein Deutschlands.

DER MÄRCHENBRUNNEN

Neben vielen Museen und wunderschönen Gebäuden hat Leipzig auch einiges an sehr interessanten Denkmälern zu bieten.

Der Märchenbrunnen ist etwas ganz Besonderes in Leipzig. Erbaut wurde dieser im Jahr 1906. Liebevoll gestaltet befinden sich dort auch die erbauten Märchenfiguren Hänsel und Gretel.

DIE PARKS RUND UM LEIPZIG

Das liebste Ausflugsziel der Leipziger für einen entspannten Nachmittag sind die zahlreichen Grünflächen der Stadt.

Nordwestlich der Innenstadt befindet sich das Rosenthal. Im Sommer kommen viele Leipziger gern hierhin, um zu Picknicken oder sich einfach zu entspannen. Am Abend kann hier auch gern gegrillt werden.

Geheimtipp: Im Juli findet hier „Klassik airleben"
statt. Hier gibt es eine Vielzahl an kleinen Musikkon-
zerten des Gewandhausorchesters in den Parks zu
erleben.

Um den Altstadtkern herum erstreckt sich ein
fast durchgängiger Ring von Grünflächen. Dieser soll
zur Nachempfindung der ehemaligen Stadtbefesti-
gung seit dem 18. Jahrhundert dienen.

Die Lenné-Anlage, bei den Leipzigern auch als
„Schillerpark" bekannt, ist ein besonders schönes
Ausflugsziel. In diesem Park, der sich um den Schwa-
nenteich herum erstreckt, sind viele Denkmäler für
bedeutende Künstler und Wissenschaftler zu finden.

Die größte und bekannteste Parkanlage ist der
Clara-Zetkin-Park. Innerhalb dieser 125 Hektar gro-
ßen Parkanlage befinden sich der wunderschöne
Palmengarten, der Klingerhain und der Richard-
Wagner-Hain. Zudem gibt es hier zahlreiche Frei-
lichtbühnen zu bewundern, aber auch Teiche oder
Sportanlagen sind hier zu finden. Um einen aktiven
Tag im Freien zu gestalten, handelt es sich hierbei
also um das perfekte Ausflugsziel.

Geheimtipp: Ein romantischer Geheimtipp ist

die malerische Brücke über dem Teich im Johannes-
park.

DER BOTANISCHE GARTEN

Einen schönen, entspannten Tag, umgeben von den vielfältigsten Blumen, können Sie im Botanischen Garten in Leipzig verbringen. Auf einer Gesamtflä-che von über 30.000m² können Sie etwa 10.000 der verschiedensten Blumenarten im ältesten botani-schen Garten Deutschlands finden.

Tipp: Besuchen Sie den Tastgarten: Ein span-nendes Erlebnis für alle fünf Sinne!

Geöffnet sind die Gewächshäuser von April bis Sep-tember:

Dienstag bis Freitag von 13.00 bis 18.00 Uhr, Sams-tag und Sonntag sowie an Feiertagen von 10.00 bis 18.00 Uhr.

Im März und Oktober:

Dienstag bis Freitag von 13.00 bis 16.00 Uhr und Samstag bis Sonntag sowie an Feiertagen von 10.00 bis 16.00 Uhr.

Von November bis Februar ist die Anlage geschlossen.
Der Eintritt für die Gewächshäuser ist frei. Für das

Schmetterlingshaus beträgt der Eintritt 4€.

DER LEIPZIGER ZOO

Ein perfekter Tipp für alle Tierliebhaber ist der Leipziger Zoo, der vor allem auch durch das Fernsehen bekannt wurde. Hier finden Sie über 850 verschiedene Tierarten. Lassen Sie sich vor allem das Gondwanaland bei Ihrem Besuch nicht entgehen. In einer Tropenhalle sind zahlreiche tropische Pflanzen zu sehen und es gibt frei fliegende, farbenfrohe Vögel zu beobachten. Auf einem kleinen Fluss kann man sogar eine Dschungelfahrt auf einem Boot unternehmen.

Von Vögeln, bis hin zu Fischen, über Pinguine, aber auch Zebras und Giraffen: Im Leipziger Zoo ist alles zu sehen.

Tipp: Erreicht werden kann der Zoo leicht fußläufig oder mit der Tram 12 „Zoo". Es gibt aber auch ein Parkhaus, die Tageskarte kostet hierfür 6€.

Eintritt: April bis Oktober für 18,50€ (mit Ermäßigungen 15€) pro Person.

Ein absoluter Geheimtipp der jungen Leute in Leipzig ist der Stadthafen.

Hier können beispielsweise Bootstouren gebucht werden, aber auch andere Wasseraktivitäten wie Kajaktouren werden hier ermöglicht. Auch Stand-Up Paddle Boards werden hier verliehen. Die Preise für Aktivitäten und Getränke und Snacks sind hier jedoch etwas höher.

EINKAUFSMÖGLICHKEITEN IN LEIPZIG

Möchten Sie einen schönen Shopping-Tag in der Leipziger Innenstadt verbringen, bieten sich Ihnen hier zahlreiche Möglichkeiten. Die wichtigsten Einkaufsstraßen, die Sie kennen sollten, sind unter anderem die Petersstraße, die Grimmaische Straße und die Hainstraße. Die typische Besonderheit der Leipziger Innenstadt stellen dabei die Ladenpassagen dar. Diese stammen noch aus der Zeit um 1900 und waren der Vorreiter der heutigen Einkaufszentren. Aber auch die gesamte Innenstadt lädt durch die große Fußgängerzone zum Einkaufen ein. In

Leipzig befinden sich neben kleinen Läden und Cafés auch große Einkaufsketten und Kaufhäuser.

Tipp: Die Geschäfte in den Promenaden haben längere Öffnungszeiten. Hier können Sie einen Einkaufsbummel sogar bis um 22 Uhr genießen. Einige der Geschäfte haben auch sonntags geöffnet.

Berühmte Leipziger Persönlichkeiten

Neben Johann Sebastian Bach gab es noch weitere weltbekannte Bürger, die ihre Heimat im schönen Leipzig hatten. Wissen Sie, wer in dieser deutschen Stadt noch zur Welt kam?

JULIUS FERDINAND BLÜTHNER

Geboren wurde Julius am 11. März 1824. Leipzigs bekanntester Instrumentenbauer wurde in der heutigen Stadt Meuselwitz geboren. Er war der Sohn eines Tischlers und arbeitete seit seinem achtzehnten Lebensjahr in der Pianofabrik „Hölling und Spangenberg". In der selbigen entdeckte er auch seine Liebe zum Klavierbau. Heute ist Blüthner auf allen großen Konzertpodien der Welt vertreten. Es wurden über 150.000 seiner Flügel und Klaviere verkauft.

JOHANN CHRISTOPH GOTTSCHED

Johann Christoph Gottsched war ein bekannter deutscher Schriftsteller. Geboren wurde er am 2. Februar 1700 in Leipzig, wo er bis zu seinem Tod am 12. Dezember 1766 auch lebte.

GOTTFRIED WILHELM LEIBNITZ

Gottfried W. Leibnitz gilt noch heute als einer der wichtigsten Wissenschaftler und Philosophen. Geboren wurde er am 1. Juli 1646 in Leipzig. Er zählte als Vordenker der Aufklärung. Außerdem konstruierte er eine der ersten Rechenmaschinen überhaupt und entwickelte die Differential- und Integralrechnung.

RICHARD WAGNER

Ein bedeutender deutscher Komponist und Dramatiker wurde am 22. Mai 1813 in Leipzig geboren. Richard Wagner war Theaterregisseur und schrieb mehrere Opern, beispielsweise den bekannten Opernzyklus „Der Ring des Nibelungen" im Jahr 1876.

TOM UND BILL KAULITZ

Zwei bekannte deutsche Sänger unserer heutigen Zeit sind ebenfalls gebürtige Leipziger. Die Zwillinge Tom und Bill Kaulitz sind Mitglieder der Band „Tokio Hotel", die seit 2001 mit ihrer Popmusik erfolgreich ist. Dabei ist Tom der Gitarrist und Bill der Leadsänger der Band. Die beiden wurden am 1. September 1989 in Leipzig geboren.

LEIPZIG UND DIE KÖNIGE EUROPAS

Auch ein interessanter Fakt über Leipzig: Wussten Sie, dass einige der Königshäuser Europas ihre Wurzeln in Leipzig haben? Adelige, beispielsweise der König Spaniens Felipe oder auch Carl Gustav von Schweden und viele weitere, sind durch ihre Vorfahren mit dieser Stadt eng verbunden.

Doch wie hängt das alles zusammen?

Diese europäischen Könige sind die 13-fachen Urgroßenkel einer sehr wohlhabenden Leipziger Familie. Katharina und Conrad Krollen waren zwar beide von Haus aus bürgerliche Leute, doch ihr großer Reichtum hat sie in die Königshäuser aller Welt gebracht. Eine ihrer beiden Töchter, Katharina, heiratete in die adlige Familie Hoym ein. Mit ihrem Mann bekam sie dann einen Sohn, Christoph von Hoym. Ganze sieben Generationen danach kam es zu einer Heirat zwischen Sophia-Wilhelmine Marianne von Nassau und dem schwedischen Königshaus. Deren neunfache Urenkelin heiratete wiederum später in das Niederländische Königshaus ein.

Auf den Ahnentafeln wurde, um das bürgerliche Blut der Nachkommen zu vertuschen, der Nachname

Kroll zu „von Leipzigerin" oder auch „von Leipziger aus Zwetta" geändert.

Leipzig erkunden

AUF DEM RAD

Der praktischste Weg, um Leipzig zu erkunden, ist das Fahrrad. Durch die flache Landschaft und die kurzen Wege zwischen den einzelnen Attraktionen bietet sich diese Art von Mobilität für Leipzig hervorragend an.

Tipp: Nutzen Sie das Verleihsystem „Nextbike". Melden Sie sich einfach über die App an und leihen Sie sich an einer der vielen Stationen, welche in der ganzen Stadt verteilt sind, für 1€ pro halber Stunde oder 9€ für den ganzen Tag ein Fahrrad aus. Die Abgabe ist an jeder beliebigen Station möglich.

MIT DEN ÖFFENTLICHEN VERKEHRSMITTELN

Möchten Sie lieber ganz bequem Ihre Runde durch Leipzig drehen, dann können Sie entspannt die öffentlichen Verkehrsmittel nutzen. Selbst am Wochenende und abends besitzt Leipzig ein öffentliches Verkehrsnetz mit kurzen Taktzeiten.

Straßenbahn und Bushaltestellen sind meist in einem Umkreis von weniger als 5 Gehminuten zu finden.

Es gibt 13 Straßenbahnlinien, die bis auf eine alle am Hauptbahnhof halten. Hier fahren die Straßenbahnen im 5-Minuten-Takt in alle Richtungen ab. Am frühen Abend, ab 19 Uhr, und an Sonn- und Feiertagen fährt die Straßenbahn alle 15 Minuten. Sollte es einmal spät werden, fahren alle Bahnen am Abend ab 11 Uhr jede halbe Stunde.

Auch bietet sich Ihnen die Möglichkeit, die Buslinien der Stadt Leipzig zu nutzen. Um mit der Straßenbahn direkt durch die Innenstadt zu kommen, bietet sich die Linie 89 hervorragend an. Sie fährt jede Viertelstunde vom Hauptbahnhof ab und findet ihre Endstation in Leipzigs Musikviertel „Connewitz". Von dort aus fährt sie wieder Richtung

Hauptbahnhof durch die Innenstadt.

Möchten Sie also möglichst schnell und stressfrei die Stadt erkunden, sollten Sie auf jeden Fall auf die öffentlichen Verkehrsmittel der Stadt zurückgreifen.

Eine Einzelfahrt innerhalb der Stadt kostet 2,50€, eine Tageskarte gibt es für 6,90€.

Tipp: Wenn Sie eine Gruppe von bis zu 5 Personen sind, kann eine Gruppenkarte gekauft werden. Diese erhalten sie ab 10,50€.

Extra-Busse, die sogenannten „Nightliner", starten am Hauptbahnhof um 1:11 Uhr, 2:22 Uhr und 3:33 Uhr. Außerdem starten zusätzliche Busse an Wochenenden um 1:45 Uhr und 3:00 Uhr.

EXTRA-TIPP – KOSTENFREIES WLAN IN LEIPZIG

Ist Ihr Datenvolumen während des schönen Ausflugs einmal aufgebraucht, wird das in Leipzig zu keinem Problem. In dieser Hinsicht ist Leipzig gegenüber anderen Städten keinesfalls hinten an. Es bieten sich Ihnen zahlreiche WLAN-Hotspots, um die öffentlichen Netzwerke weiterhin zu nutzen.

In der direkten Innenstadt können sie an drei Stellen kostenfreies WLAN nutzen:

- in der Kupfergasse/Universitätsstraße
- gegenüber der Katharinenstraße 21
- Karl-Liebknecht-Straße / Hohe Straße

Aber auch einige Restaurants, Cafés und der Hauptbahnhof bieten ein kostenfreies WLAN-Netzwerk an.

WLAN-Hotspots sind hier zu finden:

Augustus

Apels Garten – Restaurant

AVIS Autovermietung GmbH & Co. KG

Audi Zentrum Leipzig

Autohaus Heil

Bagel Brothers

Cafe Bar Restaurant Sinfonie

Café Cantona

Café Central

Café Stein

Café 100-Wasser

Café WB

Café Waldi

Coffito

Com Center Leipzig

Conne Island Café

Crossi-Bistro

Dubrovnik

Druckstatt

Fairyland

Fela

Hauptbahnhof

Höfe am Brühl

Hotel Adagio

Hotel Berlin

Hotel de Saxe

Hotel Garni Petit

Hotel Merseburger Hof

Hotel Ratskeller Plagwitz

KilliWilly

La barca

La Strada

Landgasthof Zschampert Quell

Lehmanns Fachbuchhandlung

Leo's Brasserie

Lokal im Atrium

Café Luise

McDonald's Restaurant

Milchbar Pinguin

Minastique

Mio

Moritzbastei

M – Seven

Noch besser leben

Paunscorf Center

Paul

Puschkin

Restaurant Le Cochon

Restaurant Lotter & Widemann Altes Rathaus

Rübesams Da Capo

Sakura Kaiten Sushi Bar

Schaubühne Lindenfels

Schauspiel Leipzig

spizz

Starbucks Cafés

Thüringer Hof zu Leipzig

Telegraph

Volkshaus

World Coffee

TOUREN DURCH LEIPZIG

Möchten Sie in einer fremden Stadt neue Leute kennenlernen und nicht immer nur mit einem Reiseführer durch die Stadt laufen? Dann sollten Sie eine der vielen Stadt-Touren in Leipzig nicht verpassen. Erleben Sie Leipzig ganz persönlich!

„Sketch your way around Leipzig" – Eine Stadtführung mit interaktivem und künstlerischem Charakter

Eine sehr besondere Art der Sightseeing-Tour wird Ihnen mit dieser besonderen Tour geboten. Am Anfang der Tour bekommen Sie ein kleines Notizbuch, welches Sie die ganze Führung über immer wieder brauchen werden. Stück für Stück werden Sie die Stadt kennenlernen und verschiedene Sehenswürdigkeiten besuchen. Das Besondere dieser Tour liegt darin, dass Sie die besuchten Gebäude oder Plätze in Ihr kleines Notizbuch zeichnen werden. Dadurch prägen Sie sich die Details einer bestimmten Attraktion viel genauer ein und haben am Ende der Tour gleich ein schönes Souvenir.

Kneipentour durch Leipzig

Möchten Sie die Stadt auch gerne einmal bei Nacht erkunden und gleichzeitig mit neuen Personen ins Gespräch kommen, dann ist die Kneipentour genau das Richtige für Sie. Besonders empfehlenswert hierbei ist die Tour von „The Leipzig Glocal". Dies ist eine englischsprachige Community, welche Touren durch Leipzig organisiert, bei welchen Menschen aus aller Welt, die nach Leipzig gezogen sind, von ihrer Sichtweise auf die Stadt erzählen und was ihnen an Leipzig am meisten gefällt. Können Sie sich vorstellen, warum ein Australier nach Leipzig ziehen möchte? Hier können Sie es herausfinden!

Eine Führung durch die Brauerei des Bayerischen Bahnhofs

Interessieren Sie sich für Bier und Braukunst? Dann ist diese Führung genau das Richtige für Sie. In einer spannenden Führung durch die Brauerei gibt es Einblicke hinter die Kulissen des Bierbrauens. Zudem erhalten Sie viele Informationen über die Geschichte der Stadt und vor allem über die Besonderheiten der allbekannten Leipziger Gose.

Wichtig: Es müssen mindestens 10 Personen an der Führung teilnehmen. Melden Sie sich hierfür deshalb bereits im Voraus telefonisch an.

Touren im Trabi

Eine wirklich besondere Art, die Stadt Leipzig zu erkunden, bietet eine Tour mit einem Trabi durch die Stadt. Sie fahren in einer Kolonne durch Leipzig und erkunden nebenbei die schönsten Sehenswürdigkeiten. Das Beste daran ist, dass Sie selbst den Trabi fahren können.

Die Tour gibt es für 90min ab 50€ pro Person.

Schnitzeljagd durch Leipzig

Bei dieser aufregend gestalteten Tour begeben Sie sich auf eine Rätseljagd durch die Stadt. Hierbei gibt es die Oper oder auch Auerbachs Keller zu entdecken. Möchten Sie die Innenstadt auf ganz andere Weise entdecken und sich auf eigene Faust durch die Gassen von Leipzig rätseln, dann haben Sie hierbei garantiert eine Menge Spaß. Sie können die Tour nach Lust und Laune selbst gestalten und zwischendurch auch gern eine Erholungspause in einem der vielen Cafés von Leipzig einlegen.

Sie erhalten eine Spielbox mit 11 versiegelten und nummerierten Briefumschlägen. In diesen verbergen sich die Aufgaben, welche Sie dann lösen müssen. Mit genauen Wegbeschreibungen werden Sie durch die Innenstadt geleitet und durch das Lösen der Rätsel zur jeweils nächsten Station geführt. Die Lösung stellt dabei eine Zahl dar, welche Ihnen stets den nächsten Briefumschlag verrät. In den Briefen stehen auch detaillierte Informationen zu der Geschichte der jeweiligen Sehenswürdigkeit.

Eine ganz neue und interaktive Art, die Stadt zu erkunden!

Veranstaltungen in Leipzig

WEIHNACHTSMARKT IN LEIPZIG

Aber nicht nur im Sommer gibt es in Leipzig einiges zu erleben. In der historischen Altstadt findet jedes Jahr zur Weihnachtszeit der traditionsreiche Weihnachtsmarkt statt.

Als Besucher können Sie dort an über 250 festlich geschmückten Ständen jegliche Naschereien oder weihnachtlichen Kitsch finden. Die Tradition des vielleicht schönsten Weihnachtsmarktes in Deutschland lässt sich bis in 15. Jahrhundert zurückführen. Aus allen Teilen Deutschlands strömen jährlich mehrere tausend Besucher in die liebevoll geschmückte Innenstadt. Es gibt einen lebensechten Adventskalender zu bestaunen und der ein oder andere kann eine kleine Unterhaltung mit dem Weihnachtsmann in seiner „Weihnachtsmann-Sprechstunde" führen. Die größten Augen machen die Kleinsten meist dann, wenn sie den Weihnachtswichteln einen Besuch in der Wichtelwerkstatt abstatten können. Aber auch der Märchenwald auf der Thomaswiese oder die legendäre Modelleisenbahnausstellung begeistert Groß und Klein.

Genießen Sie einen heißen Glühwein und lauschen Sie den Posaunenbläsern vor dem alten Rathaus. Ganz besondere Weihnachtsstimmung können Sie auf dem historischen Weihnachtsmarkt „Alt Leipzig" am Naschmarkt genießen.

Nicht nur eine vielfältige Auswahl an Essen und Getränken ist auf dem Weihnachtswunderland in Leipzig zu bestaunen, sondern auch zahlreiche Fahrgeschäfte wie Riesenrad, Kindereisenbahn oder ein romantisches historisches Etagenkarussell machen den Ausflug auf den Weihnachtsmarkt zu etwas ganz Besonderem. Dem finnischen Dorf auf dem Augustusplatz sollten Sie auch auf jeden Fall auch einen Besuch abstatten.

Geheimtipp: Am Samstag vor dem 4. Advent findet die große Erzgebirgische Bergparade statt. Start ist um 16.00 Uhr, das Abschlusskonzert um 17.00 Uhr. Dies findet allerdings nur alle 2 Jahre (stets an den geraden Jahreszahlen) statt.

FESTTAGE LEIPZIGER ROMANTIK

2003 setzte sich ein Verein in Leipzig dafür ein, dass die Werke Richard Wagners wieder fest im Spielplan der Oper verankert werden sollten.

Der Verein machte es sich zur Aufgabe, die wichtigsten Vertreter der musikalischen Glanzzeit Leipzigs wieder aufleben zu lassen. Leipzig war in dieser Zeit der Epoche der Romantik ebenso bekannt für seinen Instrumentenbau und den Notendruck wie Wien oder Paris.

Die „Leipziger Romantik" möchte Ihnen diese Epoche auf geradezu unterhaltsame und originelle Art und Weise nahebringen. Jedes Jahr im Mai werden an verschiedenen Terminen Konzerte zu einen bestimmten Thema dieser Epoche künstlerisch und musikalisch dargestellt.

Nicht nur für ein besonderes kulturelles Angebot

wird bei dieser Veranstaltung gesorgt, auch das leibliche Wohl der Besucher kommt hier nicht zu kurz. „Musik sowie Essen und Trinken", ein musikalisch-kulinarisches Vergnügen im Sinne der Glanzepoche Leipzigs.

Nicht nur begeisterte Opern-Fans, sondern gerade auch die, die vielleicht einmal etwas Neues ausprobieren möchten, sollten sich diese Veranstaltung nicht entgehen lassen.

LEIPZIGER STADTFEST

Schon bereits zum 28. Mal fand in Leipzig das zahlreich besuchte „Leipziger Stadtfest" statt. Mit einem vielseitigen Programm überrascht das Leipziger Stadtfest seine Besucher jedes Mal aufs Neue. Mit seinen über 300.000 Besuchern zählt es zu den größten Stadtfesten der Region.

Auf vier Bühnen rund um den Altmarkt und in der gesamten Innenstadt können Sie viele musikalische und künstlerische Darbietungen bewundern. Sowohl der Ur-Krostitzer Biergarten auf dem Marktplatz als auch die Freiberger Lounge auf dem Wilhelm-Leuschner-Platz finden regen Anklang. Im

Radeberger Sommergarten auf dem Augustusplatz oder auf der Irischen Bühne auf dem Nikolaikirchhof sind ganz unterschiedliche Künstler zu bewundern.

Auch für die kleinen Besucher des Festes ist gesorgt. So bietet der Augustusplatz auf der Gewandhausseite am Samstag und Sonntag mit der „TOGGO Tour", oder auch auf dem Paulinumsvorplatz mit „BELANTIS on Tour", ein umfangreiches Kinderparadies mit vielen Mitmachaktionen an.

Namhafte Künstler, wie Tom Gregory, Katy Perry oder Bruno Mars, traten schon auf den Bühnen Leipzigs live auf. Aber auch Künstler der Rockmusik oder regionale Bands wie eine Grönemeyer-Coverband waren schon vertreten.

Erleben können Sie das Leipziger Stadtfest immer am ersten Wochenende im Juni.

Geheimtipp: Im Radeberger Sommergarten findet am Freitagabend eine große OpenAir Disco statt.

„FETE DE LA MUSIQUE"

Eine weitere ganz besondere musikalische Veranstaltung in Leipzig ist das „Fete de la musique". Das 1982 in Frankreich entstandene Konzept lockt seit 2012 jedes Jahr musikbegeisterte Menschen der ganzen Welt am 21. Juni nach Leipzig.

1982 entwickelte der französische Kulturminister gemeinsam mit dem Direktor für Tanz und Musik die Veranstaltung, bei welcher Musikern und Musikerinnen die Möglichkeit gegeben wird, sich öffentlich zu präsentieren.

Egal, ob Musikliebhaber oder Profis, jeder kann sich hierbei einbringen. In den Gärten und Parks, Museen und Cafés Leipzigs wird dann gemeinsam musiziert.

LEIPZIGER WEINFEST

Zählen Sie zu den Weingenießern? Dann sollten Sie das Leipziger Weinfest keinesfalls verpassen! Als absoluter Geheimtipp unter den Weinliebhabern zählt des Leipziger Weinfest. Einmal im Jahr bildet der Markplatz den Treffpunkt für alle Weinfreunde und Genießer. Ob traditionell-rustikal oder spannend zeitgemäß-modern, hier finden Sie eine große Auswahl an den verschiedensten Weinen aller Art. Die einzelnen Stände werden von Winzern selbst gestaltet. Probieren Sie sich durch die vielen Stände und Köstlichkeiten!

Auf dem Weinfest werden über 200 verschiedene Weine und Sekte angeboten, aber auch Traubensäfte, Weinliköre oder zahlreiche Weinaccessoires gehören hier zum Programm, um das Vergnügen zu etwas ganz Besonderem zu machen.

Anfang Juli lädt die Stadt Leipzig zum Weinfest ein. Es gibt eine feierliche Eröffnung mit der sächsischen Weinkönigin und deren Prinzessin. Begleitet werden die darauffolgenden Tage auch von musikalischer Untermalung.

Lassen Sie sich die Vielzahl an Weinen und anderen Köstlichkeiten nicht entgehen!

Hotel-Tipps

DIE ABSTEIGE

Möchten Sie nach der ausgiebigen Weinverkostung lieber nicht mehr weite Strecken mit dem Zug fahren und für eine Übernachtung möglichst wenig Geld ausgeben, dann machen Sie mit einer Übernachtung in der „Absteige", in der Harkortstraße 21, alles richtig. Hier gibt es ab 15€ pro Nacht ein Zimmer.

IBIS BUDGET - LEIPZIG CITY

Eine etwas einfache, aber dafür sehr zentral gelegene Alternative bietet das „Hotel Ibis Budget Leipzig City". Direkt neben dem Bildermuseum gelegen und mit gerade einmal 300 Metern zum Markplatz gibt es in der Reichstraße 9 ein Doppelzimmer ab 49€ pro Nacht.

STUDIO 44

Ein echter Insider-Tipp, was die Übernachtungsmöglichkeiten angeht, ist das „Studio 44", welches in der Lumumbastraße 2 liegt. Hier werden verschiedene Appartements in innenstadtnahen Wohnlagen angeboten. Die Wohnungen befinden sich teilweise in den für Leipzig so typischen Gebäuden aus seiner Gründerzeit oder beispielsweise auch in besonders renovierten Gebäuden wie einer alten Schule. Hier wird Ihnen ein spannendes Übernachtungserlebnis geboten. Die Wohnungen sind ausgestattet für bis zu 16 Personen und 245qm groß. Alle Appartements besitzen eine Küche und einen Balkon oder eine Terrasse. WLAN und Fahrräder stehen kostenlos zur Verfügung. „Studio 44" bietet Ihnen die perfekte Möglichkeit, Leipzig von all seinen Seiten kennenzulernen und sich dabei wie ein „echter Leipziger" zu fühlen. Ein Appartement für 2 Personen gibt es bereits ab 89€ pro Nacht.

HOTEL FREGEHAUS

Wer ein kleines, aber schickes Hotel in der Innenstadt sucht, ist im Hotel Fregehaus genau richtig. In der Katharinenstraße 11 und damit mitten in der Altstadt, nur 90 Meter vom Markplatz entfernt, befindet sich das Hotel in einem sanierten, barocken Stadthaus. In diesem Hotel ist jedes Zimmer nach einem bestimmten Thema eingerichtet worden. Mit seinem Charme lädt es zum Wohlfühlen ein. Ihr Frühstück nehmen Sie in einem der antiken Salons des Haues ein. Ein Doppelzimmer können Sie ab 90€ pro Nacht buchen.

HOTEL FÜRSTENHOF

Eines der traditionsreichsten Luxushotels in Leipzig ist das „Hotel Fürstenhof". Es wurde in einem prächtigen einstigen Palast der Patrizier errichtet. Mit seiner Lage am Tröndlinring 8, direkt am Innenstadtring, ist die Altstadt selbst fußläufig schnell zu erreichen. Einen anstrengenden Tag können Sie hier am Abend in der großen Wellnesslandschaft ausklingen lassen. Ein Doppelzimmer können Sie hier ab 130€ pro Nacht buchen.

STEIGENBERGER GRANDHOTEL HANDELSHOF

Das führende Luxushotel der Stadt ist das Steigenberger Grandhotel Handelshof. Im Salzgäßchen 6 liegt dieses atemberaubende Luxushotel direkt im Leipziger Stadtzentrum, zwischen dem Altstadtmarkt und dem Bildermuseum. Die perfekte Lage also, um die Stadt zu erkunden und am Abend den vorhergegangenen Tag beim Dinner oder auch bei Cocktails an der Bar ausklingen zu lassen!

Anreise

MIT DEM AUTO

Eine bequeme Anreise bietet die Reise mit dem Auto nach Leipzig. Fahren Sie auf den beiden Autobahnen A14 und A9, kommen Sie direkt an Leipzig vorbei. Kommen Sie von der A9 aus Richtung Berlin, Dessau Norden, empfiehlt es sich, auf dem Weg ins Zentrum bereits am „Schkeuditzer Kreuz" auf die A14 zu fahren und bis zur Anschlussstelle „Leipzig-Mitte" diesen Weg beizubehalten. Von dort aus ist die B2 bis ins äußere Stadtgebiet als vierspurige Schnellstraße zu finden, welche Sie problemlos zu Ihrem Ziel führen wird.

Von der A9 aus südlicher Richtung kommend, wird Ihnen das Navi häufig die Route über die

Anschlussstelle Leipzig-West empfehlen. Hier ist aber häufig mit dichtem Verkehr zu rechnen und die vielen dort vorhanden Ampeln legen den Verkehr oftmals lahm. Eine schnellere Alternative bietet sich an, wenn Sie bereits von Süden her in die Innenstadt fahren. Dazu müssen Sie bereits am „Kreuz Rippachtal" auf die A38 wechseln.

Kommen Sie von der A14 aus Richtung Westen mit dem Auto, fahren Sie über die Anschlussstelle „Leipzig Mitte" weiter auf der B2.

Wer über die A14 aus Richtung Osten nach Leipzig gelangen will, kann die Anschlussstellen Leipzig-Ost/Nordost oder Leipzig-Mitte benutzen.

Tipp: Tiefgaragen befinden sich in größeren Einkaufszentren, zum Beispiel unter den Höfen am Brühl oder dem Petersbogen. Auch unter dem Augustusplatz befindet sich eine Tiefgarage. Ein günstiges Parkhaus liegt auch am Martin-Luther-Ring, die Zufahrt erreichen Sie über die Otto-Schill-Straße, hier liegt der Tageshöchstsatz bei 5€.

Möchten Sie sich jedoch den Stress der ewigen Parkplatzsuche ersparen, bietet sich Ihnen auch die Möglichkeit, Ihr Fahrzeug auf einem der Park & Ride Parkplätze abzustellen.

MIT DER BAHN

Da in der Innenstadt der Parkraum jedoch ziemlich knapp ist, bietet sich die Anreise mit der Bahn problemlos an. Der wohl einfachste Weg, um nach Leipzig zu reisen, ist die Bahn. Der Leipziger Bahnhof befindet sich nur etwa 5 Minuten Fußmarsch von der Innenstadt entfernt. Er ist auch zugleich der Knotenpunkt aller Nahverkehrslinien.

MIT DEM BUS

Ziehen Sie in Erwägung, mit dem Bus zu reisen, wird Ihre Reise meist ähnlich wie mit der Bahn am Hauptbahnhof enden. Der Busbahnhof befindet sich auf der Ostseite des Hauptbahnhofs. Von hier aus kann die Innenstadt dann ganz bequem mit den öffentlichen Verkehrsmitteln oder zu Fuß erreicht werden.

Aber auch am Flughafen befindet sich eine Fernbushaltestelle.

Tipp: Eine günstige Alternative ist die Reise mit dem Flix-Bus. Hier gibt es Tickets bereits ab 3€ pro Person.

Eine Fahrt von Berlin nach Leipzig gibt es bereits ab 4,99€ pro Person.

MIT DEM FLUGZEUG

Selbstverständlich können Sie Leipzig auch über den Luftweg erreichen. Jedoch befindet sich der Flughafen Leipzig-Halle in etwa 15 Kilometern Entfernung zum Zentrum Leipzigs.

Hier besteht die Möglichkeit, mit der S-Bahn zum Leipziger Hauptbahnhof zu gelangen. Eine Haltestelle befindet sich direkt unter dem Flughafen.

Eine Fahrt von ca. 15 Minuten kostet Sie dann 4,40€ pro Person.

Eine bequemere, aber auch kostspielige Alternative dazu wird durch eine Taxifahrt geboten. Hierfür zahlen sie etwa 45€.

ZU FUß

Eine Alternative, die wahrscheinlich nicht jedermanns erste Wahl ist, wäre, die Stadt Leipzig auch zu Fuß zu erreichen. Einer der bekanntesten Pilgerwege Deutschlands führt Sie direkt an der Stadt Leipzig vorbei. Der „ökumenische Pilgerweg Mitteldeutschlands" läuft entlang der für Leipzig im Mittelalter so wichtigen Handelsstraße „Via Regia". Insgesamt hat er eine Strecke von etwa 450 Kilometern.

Der ökumenische Pilgerwerg kreuzt in Leipzig auch mit dem allseits bekannten Jakobsweg „Via Imperii".

Angeber-Wissen

Nachdem Sie jetzt einiges über Leipzig lernen konnten, hier noch ein paar Fakten, die nur der typische Leipziger zu kennen vermag. Ein bisschen Angeber-Wissen für alle Neugierigen.

(1) Die Stadt Leipzig ist von Wasser umgeben. Drei Flüsse fließen um die schöne Stadt. Einer davon ist die „Parthe", ein anderer die „Pleiße" und der letzte schließlich die „Weiße Elster". Aber auch eine Vielzahl an kleinen Flüssen und Kanälen tummeln sich um die Stadt.

Leipzig hat sogar mehr Brücken als Venedig!

(2) Möchten Sie in Leipzig mit den öffentlichen Verkehrsmitteln fahren, sollten Sie sich auf ein ganz besonderes Erlebnis gefasst machen. Die „Tatras" sind spezielle Straßenbahnen aus der DDR-Zeit und versprühen durch ihr charmantes Quietschen und Knarren ein ganz nostalgisches Flair. Durch ihre knallig gelbe Farbe sind sie auch keinesfalls zu übersehen.

Ein Stück Leipzig zu Hause

QUARKKEULCHEN

Um sich ein Stück Leipzig nach einem spannenden Trip in dieser wundervollen Stadt nach Hause zu holen, sind die sächsischen Quarkkeulchen eine fabelhafte Süßspeise, die Sie einfach zu Hause nachmachen können.

Viele kennen diese Leckerei als Häppchen, welche auf Märkten zum Kauf angeboten wird. Wussten Sie, dass diese leckere Süßspeise mit Puderzucker bedeckt nicht nur aus Quark, sondern zum größten Teil aus einfachen Kartoffeln besteht?

Ihren Ursprung hat das einst „Arme-Leute-Essen" in

Sachsen. Je nach Region wird es dort auch „Gebackene Kließ" oder „Quarkkließle" genannt.

Ganz einfach, schnell und lecker zubereitet, ein Stück Ihrer Lieblingsstadt ganz nah bei Ihnen daheim!

REZEPT

<u>Eine Zutatenliste (vier Portionen)</u>

Sie benötigen...

- 500 g Kartoffeln, mehlig kochend
- 500 g Quark, abgetropft
- 150 g Mehl
- 50 g Zucker
- 2 Päckchen Vanillezucker
- 1 Eigelb
- 1/2 Bio-Zitrone, der Abrieb
- Etwas Butterschmalz, zum Anbraten
- Wenn Sie mögen: 4 EL Rosinen, Apfelmus, Puderzucker oder Früchte

<u>Die Zubereitungszeit beträgt:</u>

25 Minuten

<u>So wird's gemacht:</u>

(1) Zuerst müssen Sie die Kartoffeln schälen und anschließend im Salzwasser weich kochen. Danach

werden die warmen Kartoffeln durch eine Kartoffel-presse oder mit einer Gabel zerdrückt. Geben Sie die zerdrückten Kartoffeln nun in eine Schüssel. Jetzt fügen Sie Quark, Mehl, Zucker, Vanillezucker, Eigelb und den Zitronenschalenabrieb einer halben Zitrone hinzu.

(2) Alle Zutaten werden nun zu einem geschmeidigen Teig verknetet.

(3) Teilen Sie nun gleichmäßige Portionen des Teiges für die Quarkkeulchen ab.

(4) Jetzt werden die Portionen in einer Pfanne oder in einem kleinen Topf in Butterschmalz herausgebacken.

Denken Sie daran, die Quarkkeulchen zu wenden! Beide Seiten werden nun goldig angebraten.

Tipp: Sie können dem Teig zum Beispiel Trockenfrüchte hinzufügen oder frisches Obst, Apfelmus oder Puderzucker zum Schluss dazugeben.

Herstellung und Verlag:

BoD – Books on Demand, Norderstedt

ISBN: 9783751959131

© Heike Schmehl 2020

1. Auflage

Kontakt: Psiana eCom UG/ Berumer Str. 44/ 26844 Jemgum

Covergestaltung: Fenna Larsson

Coverfoto: depositphotos.com